Claus Rech

Die Herrschaft Oberkail und ihre Erträge um 1780

Quellen zur Eifeler Geschichte,

Reihe A, Band 1

Claus Rech

Die Herrschaft Oberkail und ihre Erträge um 1780

Edition einer Aufstellung der sternberg-manderscheidischen

Verwaltung

IMPRESSUM

Bibliografische Information der Deutschen Nationalbibliothek:
Die Deutsche Nationalbibliothek verzeichnet diese Publikation
in der Deutschen Nationalbibliografie; detaillierte bibliografische
Daten sind im Internet über http://dnb.dnb.de abrufbar.

© 2016 Claus Rech
Cover: Ralf Wolf, Jülich (www.autorenservice.de)
3., verb. Auflage
Herstellung und Verlag:
BoD – Books on Demand, Norderstedt

ISBN: 978-3-8391-6696-3

Inhalt

Das Oberkailer Ertragsverzeichnis von 1781

Einleitung

Im Jahre 1781 wurde in der Eifelherrschaft Oberkail ein Verzeichnis über die dortigen Einkünfte und Ausgaben des Hauses Sternberg-Manderscheid angefertigt. Das Ziel dieser „Beschreibung" war es, den zehnjährigen Durchschnittsertrag zu ermitteln, den die gräfliche Familie in der Herrschaft erwirtschaftete. In der Aufstellung zeigt sich, aus welchen Quellen die Erträge des Grafenhauses stammten. Gleichzeitig ist zu erkennen, welche Kosten für die Verwaltung der Kailer Güter anfielen und wie sie die Einkünfte schmälerten. Die Ertragsberechnung gibt damit einen detaillierten Einblick in die grundherrschaftlichen Verhältnisse eines Kleinterritoriums im Alten Reich.

Ähnliche Auflistungen entstanden 1781 auf Geheiß der damals regierenden Gräfin Augusta auch in anderen sternberg-manderscheidischen Territorien. Sie dienten der Zentralverwaltung in Blankenheim dazu, sich ein umfassendes Bild über die ökonomische Lage der gräflichen Besitzungen zu machen. Die gesammelten Daten flossen am Ende in eine Gesamtübersicht ein, die unter der Bezeichnung „Status generalis" erstellt wurde.

Die vorliegende Darstellung präsentiert das Oberkailer Ertragsverzeichnis von 1781 erstmals in einer Edition. Die einleitenden Kapitel erläutern vorab den geschichtlichen Hintergrund, vor dem die Abfassung dieser Aufstellung stattfand. Zum Vergleich werden dann nach der Präsentation der Kailer Liste auch die Blankenheimer Gesamtübersicht des „Status generalis" und eine zeitgenössische Liste mit den in den sternberg-manderscheidischen Gebieten gebräuchlichen Münzsorten und Maßen wiedergegeben. Im Anschluss an die Edition der Quellen findet sich eine Erläuterung der heute nicht mehr oder nur schwer verständlichen Begriffe.

Gräfin Augusta von Sternberg-Manderscheid

Um die Abfassung des Oberkailer Ertragsverzeichnisses einordnen zu können, ist es sinnvoll, zunächst einen Blick auf die dynastische Geschichte des Hauses Manderscheid zu werfen. Die Übersicht von 1781 entstand ein Jahr nach dem

Regierungsantritt der Gräfin Augusta von Sternberg-Manderscheid. Augusta war die letzte regierende Gräfin aus dem Hause Manderscheid. Als Tochter des bereits 1772 verstorbenen Grafen Johann Wilhelm von Manderscheid-Blankenheim hatte sie die Regierungsgeschäfte von dessen Bruder bzw. ihrem Onkel, dem Grafen Franz Joseph von Manderscheid-Blankenheim, übernommen. Er war im Dezember 1780 kinderlos verstorben (1). Zu den Gebieten der Gräfin gehörten reichsunmittelbare Territorien, in denen sie alleinige Landesherrin war, sowie landsässige bzw. mittelbare Gebiete, in denen die Gräfin Lehensträgerin benachbarter Landesherren war. Zu den „mittelbaren" Gebieten zählte die im Herzogtum Luxemburg gelegene Herrschaft Oberkail. Hier hatte die Gräfin mit dem Besitzergreifungsakt über die Herrschaft und die anschließende Huldigung durch die Untertanen am 9. Dezember 1780 die Regierung übernommen (2).

Gräfin Augusta war mit dem Grafen Christian von Sternberg verheiratet, der aus einem alten böhmischen Adelsgeschlecht stammte. Die beiden Eheleute hielten sich während des Jahres teils in Blankenheim und ansonsten in ihrem Kölner Stadthof auf. Nach der Erbfolge in den manderscheidischen Territorien nannte sich Augustas Familie „von Sternberg-Manderscheid". Graf Christian von Sternberg erscheint als Mitunterzeichner auf zahlreichen Dokumenten (3). Die gräfliche Familie regierte die Eifeler Besitzungen bis 1794, dem Jahr, als die französischen Truppen in die Gebiete links des Rheins einrückten und diese besetzten. Bedingt durch diese Ereignisse, floh die Familie auf die Güter des Ehegatten in Böhmen. Beim Reichsdeputations-hauptschluss des Jahres 1803 wurde das Grafenhaus für den Verlust der reichsunmittelbaren Güter links des Rheins mit dem Gebiet der früheren Reichsabteien Weißenau und Schussenried in Schwaben entschädigt (4). Die Notwendigkeit einer Flucht dürfte im Jahr 1781 allerdings noch außerhalb jeder Vorstellung gelegen haben. Vielmehr unternahm die neue Gräfin bald nach ihrem Regierungsbeginn im Jahre 1780 zahlreiche Anstrengungen, um den ererbten Besitz neu und besser zu organisieren. In diesem Zusammenhang steht auch die Abfassung der Kailer Ertragsliste des Jahres 1781.

Die Herrschaft Oberkail

Die Herrschaft Kail bzw. Oberkail gehörte zu der südlichen Besitzungen des Grafenhauses in der Eifel und unterstand weitgehend der luxemburgischen Landeshoheit. Zusammen mit der Stammgrafschaft (Nieder-)Manderscheid bildete sie den Kern des alten manderscheidischen Familienbesitzes. Bis 1762 war Oberkail der Sitz der eigenständigen Linie der Grafen Manderscheid-Kail. Mit dem Tod der letzten Gräfin Maria Anna gingen der Oberkailer Besitzungen durch Erbvertrag an das Haus Manderscheid-Blankenheim über (5).

Im Jahre 1781 war Rentmeister Komp in Oberkail für die lokale Verwaltung und die Einziehung der von den Untertanen zu entrichtenden Abgaben zuständig. Er ist auch der Verfasser der nachfolgend edierten Aufstellung. Der Rentmeister war mit der Erstellung der Übersicht durch seine Herrin, Gräfin Augusta von Sternberg-Manderscheid, in einer Anweisung im April 1781 beauftragt worden (6).

Zur Herrschaft Oberkail gehörten die Orte Oberkail, Schwarzenborn, Eisenschmitt-Überscheid, Korneshütte sowie Höfe in Gindorf und Orsfeld und das Hofgut Eulendorf. Hinzu kamen die Dörfer Salm und Musweiler und der Hof Desserath. Anders als die übrigen Orte der Herrschaft standen Musweiler und die Höfe in Orsfeld und Desserath unter trierischer Landeshoheit. Salm wiederum war reichsunmittelbar und wurde ab 1762 meist von Gerolstein aus verwaltet. Musweiler wurde nach 1780 von der Trierer Lehnkammer als „heimgefallenes" Lehen eingezogen und ging somit der gräflichen Familie verloren. In der Nennung der Orte in der Aufstellung von 1781 spiegeln sich noch die bis dahin gültigen territorialen Verhältnisse (7).

Die nach Augustas Regierungsantritt erstellte Übersicht über die Einkünfte und Ausgaben in der Herrschaft Oberkail ist eine lokale Bestandsaufnahme der gräflichen Ertrags- und Vermögensverhältnisse. Die Wirtschaftsführung des gräflichen Hauses stand auf dem Prüfstand, und noch bis zum Ende des Alten Reiches wurden nicht zuletzt aufgrund der 1781 angefertigten Ertragsaufstellung etliche unwirtschaftliche Bereiche aufgegeben. Die Abfassung der Liste erfolgte nach Vorgaben der Blankenheimer Zentrale, von wo aus die Arbeiten an den Tabellen für die einzelnen Herrschaften koordiniert wurden.

Der Inhalt der Oberkailer Aufstellung

Der vollständige Titel der Oberkailer Aufstellung lautet: „Kurtze beschreibung aller rhenten und gefellen forth alliger ausgaben der Herrschafft Kaÿll und dahin einschlagender Orthschafften." Mit Renten und Gefällen sind die Grundabgaben gemeint, die von den Untertanen an das Grafenhaus zu entrichten waren. Wenn es sich um Naturalien handelte, wurde für die Aufstellung der Geldwert berechnet. Die ermittelten Gelderlöse werden in Reichstaler, Albus und Heller angegeben. Ein Reichstaler wurde zu 54 Albus berechnet. In der Quelle werden die Währungseinheiten meist mit „rhr.", „als." und „hr." abgekürzt. Für die Naturaleinnahmen werden die Hohlmaße Malter, Sester und Faß gebraucht. Sie wurden in der Quelle mit „mald." und „str." abgekürzt. Ein Malter entsprach 12 Sestern (8).

Die Übersicht von 1781 ist in zwei Teile gegliedert. Der erste gibt sämtliche Einkünfte wieder, die die Herrschaft einnahm, und der zweite Teil zeigt die Ausgaben und Kosten auf. Zu den Einkünften gehörten zunächst der „Cameral Empfang fruchten" und der „Cameral Empfang geld". Beide beinhalten die Grundabgaben der Untertanen an Getreide und die von den Einwohnern entrichteten Geldzahlungen. In der Aufstellung addieren sich diese Posten zur „Summa Cameral Empfang". Hinzu kommt der „Forst Empfang", der zusammen mit den anderen („Kameral-") Einkünften die Gesamteinnahmen in der Herrschaft bildete.

Die Einnahmen

Zunächst listet das Ertragsverzeichnis von 1781 die Einkünfte an Getreide auf. In der Herrschaft Oberkail wurden in der Regel Spelz, d.h. Mischelfrucht, „Korn", also Roggen, und Hafer abgeliefert. Auffallend ist, dass der Begriff „Schrimpf" wiederholt bei den Getreideeinnahmen verwendet wird.

Er bezeichnet den Schwund, der während eines Jahres beim angelieferten Getreide auftreten konnte, beispielsweise durch Mäusefraß oder Diebstahl. Die Geldeinnahmen stammten zum guten Teil von den Schaftgeldern, welche die Inhaber der Bauernhöfe, die in der Herrschaft meist Schaftgüter waren, bezahlen mussten. Die Schaftgüter konnten nur an das älteste Kind vererbt werden, und ihre Besitzer waren leibeigen. Bis 1781 war ein Teil der Naturalabgaben und Fronden bereits durch Geldzahlungen ersetzt worden.

Eine weitere Geldeinnahmequelle für das Grafenhaus lag in der Verpachtung der Schlossländereien. Die Bruttoeinnahmen aus den Grundabgaben der Untertanen und den Verpachtungserlösen lagen bei rund 1470 Reichstalern. Sehr einträglich war auch die Forstwirtschaft. Um das Jahr 1780 beliefen sich die Gesamteinkünfte aus dem Verkauf von Holz aus den Kailer Waldungen auf 1414 Reichstaler und 9 Albus.

Für die Bewohner der Herrschaft Oberkail bildeten die Abgaben an das Haus Sternberg-Manderscheid zwar einen großen Posten unter den finanziellen und materiellen Lasten, die sie, herrührend aus der Grundherrschaft, zu schultern hatten. Doch diese Leistungen und Zahlungen waren für die Untertanen nicht die einzigen Abgaben. Hinzu kamen nämlich noch andere wie beispielsweise die Zehnten, die an weitere Herren und Institutionen, etwa die Kirche, abgeliefert werden mussten. Diese zusätzlichen Leistungen werden in der Aufstellung von 1781 nicht genannt. Auch macht die Übersicht keine Angaben über die Höhe der Steuern, die die Einwohner der Herrschaft außerdem an den Landesherren des Herzogtums Luxemburg zahlten. Die Gesamtbelastung durch Abgaben und Zahlungen war für sie jedenfalls noch deutlich höher, als dies aus der sternberg-manderscheidischen Aufstellung hervorgeht.

Die Ausgaben

Den Einkünften des Grafenhauses stehen im Jahr 1781 auch zahlreiche Ausgaben gegenüber. Sie werden in den beiden großen Rubriken zur „Cameral ausgab" und zur „forst ausgab" aufgelistet. Die Summe der in der Herrschaft anfallenden Kosten lag bei rund 1240 Reichstalern. Zu den Ausgabeposten zählten sowohl die Summen, welche für die Instandhaltung der herrschaftlichen und geistlichen Gebäude aufzuwenden waren, als auch die Personalkosten der gräflichen Verwaltung. Besonders hoch waren die Aufwendungen für den Unterhalt des Oberkailer Schlosses und den Betrieb der gräflichen Landwirtschaft.

Die Auflösung der herrschaftlichen Eigenwirtschaft in Oberkail war 1781 bereits beschlossene Sache. Aus diesem Zusammenhang erklärt sich die in der Liste niedergeschriebene Bemerkung: „Nota Bene: weilen gnädigster intention gemäß die herrschafftliche wirthschafft zu Kaÿl aufgehoben werden solle, so ist die bekostigung und aushaltung herschafftlicher Officianten, bedienten und des armen schwachsinnigen pitgens, wie auch der Domestiquen lohn dahier nicht in anschlag und ausgab gebracht."

Die „Officianten" waren die gräflichen Beamten, und bei den „Bedienten" und „Domestiquen" handelte es sich um die Angestellten und das Dienstpersonal der Oberkailer Burg. Das „Pitgen" wohnte ebenfalls in der Burg und wurde dort versorgt. Ganz offenkundig wurde mit der Aufhebung der Oberkailer Eigenwirtschaft eine

Kostenersparnis durch die Streichung der Personalausgaben angestrebt, die sich aus den Kosten für Verpflegung, Unterbringung sowie die Entlohnung („aushaltung") der Bediensteten ergaben.

Nach der Auflistung der verschiedenen Einzelposten schließlich werden am Ende der Aufstellung die Gesamtausgaben von den Gesamteinnahmen abgezogen, so dass sich für das Grafenhaus ein jährlicher Reinertrag von 1643 Reichstalern, 52 Albus und 6 Hellern ergibt. Das war mehr als das Achtzigfache dessen, was ein wohlsituierter Bauer in Oberkail um 1766 in der Regel im Jahr an reinen Einkünften erwirtschaftete. Wohlhabende Landwirte konnten in dieser Zeit schätzungsweise 15 bis maximal 25 Reichstaler an jährlichen reinen Einkünften verbuchen. An diesen Verhältnissen dürfte sich bis 1781 nichts Wesentliches geändert haben (9).

Der Gesamtertrag

Im Blankenheimer „Status generalis" wird der Reinertrag aus der Herrschaft Oberkail mit 1643 Reichstalern und 76 Albus angegeben. Der kleine Unterschied zu der Gesamtsumme in der Oberkailer Aufstellung ergab sich durch die Umrechnung des trierischen in den kölnischen Reichstaler. In der Blankenheimer Übersicht zeigt sich, dass die Kailer Erträge des Grafenhauses etwas mehr als 7 % der jährlichen Gesamteinkünfte aus allen sternberg-manderscheidischen Territorien ausmachten. Die höchsten Einnahmen verzeichnete die gräfliche Familie jeweils in den Grafschaften Gerolstein und Blankenheim, in denen die Untertanen neben den Grundabgaben auch die Landessteuern entrichteten (10).

Was die Oberkailer Reinerträge betrifft, wird deutlich, dass diese zum größten Teil aus der Forstwirtschaft stammten. Der Bruttoertrag aus der Bewirtschaftung der gräflichen Wälder lag bei rund 1400 Reichstalern, wovon noch circa 300 Reichstaler an Kosten abgingen. Der Reingewinn aus den Oberkailer Forsten lag damit bei rund 1100 Reichstalern, so dass etwa zwei Drittel der sternberg-manderscheidischen Einkünfte in der Herrschaft Oberkail aus dem dortigen Waldbesitz stammten (11).

Die Überlieferung des Quellentextes

Der Quellentext des Originaldokuments ist in einem Karton („Kiste") des Nationalarchivs Prag mit der Nr. 160 überliefert und wird in der Außenstelle Theresienstadt (Terezín) aufbewahrt. Eine Mikroverfilmung wurde zu Beginn der achtziger Jahre des 20. Jahrhunderts durch den Euskirchener Kreisarchivar Otermann angefertigt. Die damals erstellten Mikrofilme sind heute in der Archivberatungsstelle des Landschaftsverbands Rheinland in Brauweiler einsehbar (12).

Zu den verfilmten Quellen aus Kiste 160 gehören neben den Erträgnisaufstellungen von 1781 auch die Protokolle über die Huldigungsfeiern für Gräfin Augusta von Sternberg-Manderscheid aus dem Jahre 1780, Berichte über die Lehensverhältnisse der einzelnen Herrschaften sowie weitere Gutachten und Schreiben aus den Regierungsjahren der Gräfin. Außer für die Herrschaft Kail sind aus dem Jahre 1781 auch die Ertragsübersichten aus den Herrschaften Bettingen, Dollendorf, Kronenburg, Neuerburg, den Grafschaften Blankenheim, Gerolstein und Manderscheid und dem Hof Dusemond überliefert (13).

Als Quelle steht die Oberkailer Liste von 1781 in der Tradition der Güterverzeichnisse und der so genannten „Renovationen", die seit dem späten Mittelalter in den einzelnen Territorien in unregelmäßiger Folge abgefasst wurden. Das Neuartige an den Ertragsverzeichnissen des 18. Jahrhunderts war, dass sie zum einen ganz unterschiedliche Vermögenswerte berücksichtigten und zum anderen Durchschnittserträge benannten. Diese Aufstellungen wurden oft als „Beschreibung" oder „Status" bezeichnet. Mit ihnen verschafften sich die adligen Inhaber der Herrschaften jeweils einen aktuellen Überblick über die Vermögensverhältnisse ihrer Familien.

In der vorliegenden Textedition werden für die Wiedergabe der Quellen eckige Klammern zur Auflösung der Kürzel in den Originaldokumenten und zur Kenntlichmachung von ergänzten Satzzeichen verwendet. Spitze Klammern kennzeichnen Wörter oder Passagen, die später zum Originaltext hinzugefügt oder dort verbessert wurden. Ansonsten wird die Rechtschreibung von 1781 beibehalten. Lediglich die Zeichensetzung wurde an die heutigen Regeln angepasst. Querstriche markieren jeweils den Beginn einer neuen Zeile im Original. Die über den Tabellen bzw. Quellentexten stehenden Seitenzahlen geben die Paginierung der Originaltexte wieder. Das Ertragsverzeichnis der Herrschaft Oberkail wird im Folgenden in edierter Form wiedergegeben.

Die Quellentexte

Edition der Oberkailer Aufstellung von 1781

S. 292r.

Kurtze beschreibung aller rhenten und gefellen / forth allieger ausgaben der Herrschafft Kaÿll / und dahin einschlagender Orthschafften.

Cameral Empfang Fruchten. Z[u] 54 al[bu]s				R[eichs]-t[hale]r	al[bu]s	h[elle]r
	mald[er]	s[es]t[e]r	faß			
an speltzen korn wird ständig geliefert	7	10				
ab der schrimpf		3				
ergo blieben	7	7				
Das malter p[er] 5 r[eichst]h[ale]r angeschlagen f[aci]t				37	49	4
standiges rhent-[,] zinß[-] und pfachtkorn	71	6				
Korn von zehnden ein jahr ins andere von 1769 bis dahin 1780 gerechnet	13	9	3			
Summa Korn	85	3	3			
Hiervon ab bestallung und schrimpf	10	5	1			
also bleiben	74	10	2			
Das malter p[er] 4 r[eichst]h[ale]r 18 albuß angeschlagen f[aci]t				324	24	6
Einnahme Speltz ständiger pfachten	23	5	2½			
ab bestallungen und schrimpf	3					
also bleibt	26	5	2 1/3			
Das malter p[er] 3 r[eichst]h[ale]r angeschlagen f[aci]t				69	40	4
Einnahm haber von erb und temporal pfachten	104	8	3 1/3			
Haber von zehnden ein jahr ins andere	24	11	2			
Summa haber	129	8	1 1/3			
ab bestallungen und schrimpf	5	6	1 1/3			
mithin bleibt	124	2				
Das malter p[er] 2 r[eichst]h[ale]r 12 al[bu]s angeschlagen f[aci]t dahier				275	50	
[Insgesamt:]				708	2	6

S. 292v.

Cameral empfang geld	R[eic]h[s-thale]r	al[bu]s	h[elle]r
Von verpfachteten schloß aisementen und einiger frohn vorbehaltene schloß aisementen: Hoff= Hopfen- und baumgarten samt bleichplatz eins mit dahin gehörigen Frohnen	150 62	11	
Das wachtgeld thut 6 r[eichst]h[ale]r, so der pfortner geneust, ergo hier			
es sind im Kaÿlischen keine lehen, ergo darab			
das Kloster St. Thomas gibt von 66 r[eichst]h[ale]r capital Jahrs interesse	22	6	
an Kaÿler Herrschafft erfallen jahrs an ständigen schafft und zinßgelder, Hammerrent, moselfahrten und pfachtgelder	181	51	
Wein accieß, zehnter pfenning, und bienen fund hat alda ein jahr ins andere gethan	6		
accieß standgeld- und Banzapf auf Kaÿler markt ein jahr ins andere	24	27	
es fallen jahrs te[rmi]no michaëlis ständig 17 ½ stück hammel, das stück wird mit 1 r[eichst]h[ale]r 18 al[bu]s zahlt. F[aci]t	23	18	
es werden zu Neujahrstag ständig geliefert 7 schweine, davon 2 stück jedes 300 l[i]b[ra] und fünf stück jedes 150 l[i]b[ra] lebendig wagen müszen, das C[entu]m p[er] 4 r[eichsthaler] angeschlagen. F[aci]t	54		
es fallen jahrs 95 hühner, nach abzug 1 l[i]b[ra] brodt; so von jedem stück gegeben wird, schatze das Huhn 4 ¾ so	8	19	2
Item 6 Hahnen p[ro] stück 3 al[bu]s[.] Facit		18	
Item 2294 eÿer, nach abzug 4 l[i]b[ra] brodt so wegen der lieferung von 100 eÿer gegeben wird, schatze das Hundert zu 16 albuß. F[aci]t	6	43	
Item 8 ½ maaß butter p[ro] quart 27 al[bu]s facit	4	13	4
Item 300 l[i]b[ra] eisen p[er] 3 schwerer Xer f[aci]t	10		
Item 1 leb kuchen von St. Thomas, dem bringer werden 6 al[bu]s drinckgeld geben, ergo			
Item zwei wagen hew von gindorf	7		
herzu latus preced[ens]	708	2	6
[Zusammen:]	1308	47	4

S. 293r.

	R[eichst]h[ale]r	al[bu]s	h[elle]r
Von salm wird Jahrs ständig empfangen an schafft=, renth- pfacht- wacht- und frohn-gelder, so dan moßelfahrten, trocknen weinkauf leÿen zehnd=verlaß, und wegen eines mohlenschweins	111	33	
abkauf der leibiegenschafft, chur muthen, accieß, zehnter pf[enni]g und bienenfund ein Jahr ins andere von alda gethan	11	48	
Von Musweiler wird Jahrs ständig empfangen an schafftgeld, moselfahrten, trockner wein kauf von zehnde, pfacht und frohngelderen, so dan wegen 4 hämmelen und 6 hühner zusammen	36	31	
Musweiler gibt jahrs anstatt des flachßgeld Neun l[i]b[ra] reingemachten flachß, p[er] l[i]b[ra] 9 al[bu]s angeschlagen f[aci]t	1	27	
hierzu latus praeced[ens]	1308	47	4
Summa Cameral Empfang	1470	24	4
Folgt forstempfang			
von diehm oder acker ein jahr ins andere	6		
an faul und läger holtz, windschlag und keupperen ein Jahr ins andere verkaufft worden für	41	27	
An jagd und fischerei bisheran nichts, weilen zur Hauß haltung gegangen			
die strafen werden gegen proces Kösten gerechnet ergo schier			
Kaÿler wald wird Jahrs zu 600 Klaffter angeschlagen die Klaffter p[er] 2 r[eichst]h[ale]r f[aci]t	1200		
Hilscheid beÿ Salm zur Halbscheid gegen Chur-Trier alle 24 jahr zu 2000 Claffter p[er] Klaffter 2 r[eichst]h[ale]r angeschlagen, thut ein jahr ins andere gerechnet anhero	166	36	
Summa Forst Empfang	1414	9	
Herzu Cameral Empfang ad	1470	24	4
Summa Alliegen Empfangs	2884	33	4

S. 293v.

Cameral ausgaben	R[eichst]h[ale]r	al[bu]s	h[elle]r
an bestallungen	265	18	
Justitz Verwalteren D'harde ein jahr ins andere diet[en]	10		
an baumaterialien und arbeitsmeistern ein jahr ins andere	74	9	
an Kaÿler marckt kösten ein jahr ins andere	6	40	
brief porto und comptoir auslagen	10		
an anniversaria und hunderte meszen ständig	25	9	
Salmer Kirchen reparation zum gräflichen antheil ein jahr ins andere	1	40	4
Ein 1/4tel an Salm ziehl Viehe	1	6	6
anschatzung von Cameral pründen, rhenten und gefellen ein jahr ins andere 86 florin f[aci]t	43	43	
Proces kösten werden gegen die strafgelder gerechnet[,] ergo hier ist ante beÿm empfang gemeldet word[en]			
N[ota] B[ene]: weilen gnädigster intention gemäß die herrschafftliche wirthschafft zu Kaÿl aufgehoben werden solle, so ist die bekostigung und aushaltung herschafftlicher Officianten, bedienten und des armen schwachsinnigen pitgens, wie auch der Domestiquen lohn dahier nicht in anschlag und ausgab gebracht, setze inmittels darfür	500		
Summa Cameral-ausgab	938	4	2
Folgt forst-ausgab			
an bestallungen	84		
P[ro] M[emoria]: des Jägers beköstigung ist hier gleichfals aus oberwehnter ursachen nicht eingerechnet, wegen wie mittes darfür	50		
Ausgaben schatzung aus herschafftlichen büschen ein Jahr ins andere 331 florins f[aci]t	168	30	4
Summa Forst-ausgaben	302	30	4
Hierzu die Cameral ausgaben ad	938	4	2
Summa allieger aus gaben	1240	34	6
der gantzer Empfang thut	2884	33	4
ab alle ausgaben ad	1240	34	6
also bleiben	1643	52	6

Edition des „Status Generalis"

P[er] 78 albuß	R[eichs-t]h[a]l[er]	al[bu]s	h[eller]r
Deßen, was sämtliche Graf=, Herschafften und / Gütern des Hochgräflich-Manderscheidischen / Haußes Ihro Hochgräflichen Excellentz Frau / Gräfin Augusta von Sternberg, jetzt / Regierende Gräfin zu Manderscheid e.c. e.c. / Nach deduction aller ausgaben, /: ausschließlich / desjenigen, was zu wittums deputat und / Hohe geschwisterten Jahrs ausgegeben werden / Soll :/ zur Zeit und alle Jahrs eintragen:			
Grafschafft Blanckenheim und Herschafft / Jünckerath Thun Jahrs	2955	46	1
die Grafschafft Gerolstein	4998	72	4
die Herschafft Dollendorf	848	-	7
die Herschafft Kronenburg	3426	18	-
die Grafschafft Manderscheid	2781	23	1
die Herschafft Kaÿl	1643	76	-
der Hof Dousemont	239	39	-
die Herschafft Bettingen	885	68	-
die halbe Herschafft Neuerburg	2896	31	9
Summa	20675	62	10
Hiervon wird abgezogen der Status des / schlosses Blanckenheim und herschafftlichen / Haußes in Köln, weil mehr auslagen / alß empfang hat; ad	291	37	7
alßo ist die hauptsumme reines einkommens	20384	25	3
Ferner hat gnädige Herschafft aus [Wörter gestrichen] <Rips- / dorfischen> und Gerolsteinischen land= / steuer-gelderen Nach ausweiß [Wort gestrichen] des / Status jährlichs zu empfangen	1252	43	-
Mithin ist die Hauptsumme	21636	68	3
leztlich kommen noch hinzu die Blancken= / heimischen landsteueren ad	820	40	-
Summa Status generalis	22457	30	3

Quelle: Landschaftsverband Rheinland (LVR), Archivberatungs- und Fortbildungszentrum Brauweiler, Mikrofilm Nationalarchiv Prag, Bestand Sternberg-Manderscheid, Kiste 160, S. 309.

Edition der Umrechnungsliste für Münzen und Maße

Die folgende Übersicht bezieht sich auf den Wert der Währungen, die in den sternberg-manderscheidischen Besitzungen innerhalb des Herzogtums Luxemburg gebräuchlich waren, und die Berechnung der in diesen Gebieten verwendeten Hohlmaße.

Evaluation deren Geldmünzen und Fruchtmaaßen.

/S. 169r./ 1 R[eichs]th[a]l[e]r thut 78 albus Cöllnisch oder 54 Peterm[ännchen] trierisch.

1 albus Cöllnisch thut 12 Heller

1 Petermengen thut 8 pfenning

1 R[eichs]th[a]l[e]r Luxemburger Wehrung oder 2 Gold=Gülden / Luxemburgisch machen 56 Stüber selbiger Wehrung.

1 Ein Stüber Luxemburgisch macht 12 denarien.

1 Malter Cronenburger Maaß ist 10 Faß.

1 Faß ist 8 Pinten.

1 Ein Malter Cronenburger Maaß macht 1 Malter / 4 Pinten Blankenheimer Maaß.

15 Rader=albus machen ein Schafft=Gülden.

1 Rader=albus macht 12 Rader=Heller[.]

1 Heller macht 4 orth.

1 Rader=Gulden macht 24 albus Rader.

1 Rader=albus macht 24 Heller Cöllnisch, mithin / macht

/S. 169v./ 1 Rader=Gulden 48 albus Cöllnisch; und

1 Schafft=Gulden 30 albus Cöllnisch.

1 Laub= oder Cronen=Thaler macht 72 Stüber Luxem=/burgisch, oder 1 Reichs Thaler 69 albus 4 Heller / Cöllnisch, nach welchem Fuß die Reduction Lu= / xemburger Müntzen in Cöllnische Wehrung eins=weilen in gegenwärtiger Rechnung gemacht wird.

Quelle: Landschaftsverband Rheinland (LVR), Archivberatungs- und Fortbildungszentrum Brauweiler, Mikrofilm Nationalarchiv Prag, Bestand Sternberg-Manderscheid, Kiste 160, S. 169r – 169v.

Glossar

- **Accieß Standgeld**: Abgabe an die Herrschaft für das Standgeld auf einem Markt.

- **Acker**: Bucheckern im Wald, die zur Schweinemast verwendet wurden.

- **Aisementen**: Liegenschaften.

- **Albus**: Weißpfennig mit Silbergehalt.

- **allieger**: sämtlicher.

- **angeschlagen**: veranschlagt.

- **Anniversaria**: Jahrgedächtnisse.

- **Anschatzung**: veranschlagte Landessteuer.

- **ante**: lat. = vor, vorhin.

- **Banzapf**: Recht, den Bannwein gegen Entgelt zu verzapfen.

- **Bediente**: Angestellte.

- **Bestallung**: Einstellung und Bezahlung herrschaftlicher Funktionsträger.

- **Bienenfund**: Honig und Wachs von aufgefundenen Bienenstöcken.

- **Bleichplatz**: Stelle am Kailbach zum Waschen der Wäsche.

- **Büschen**: Wälder.

- **Cameral-**: für die Hofkammer, d.h. die gräfliche Finanzverwaltung.

- **Cameral-Empfang**: Einnahmen der Hofkammer.

- **Cameral-Pründen**: Hofkammereinnahmen aus Pfründen.

- **Capital**: hier = verliehenes Geld, Kredit.

- **Centum**: Zentner.

- **Churmuthen**: auch Besthaupt = Abgabe der Untertanen an das Grafenhaus bei Besitzübergang.

- **Comptoir-Auslagen**: Ausgaben für den Geschäftsverkehr.

- **Dieten**: Spesen.

- **Domestiquen**: Knechte, Mägde und Diener.

- **einschlagend**: hier im Sinne von „zugehörig".

- **ergo**: lat. = also, folglich.

- **facit**: lat. = das macht, das tut.

- **Faß**: kleines Hohlmaß.

- **Faulholz**: abgängiges Holz.

- **Flachßgeld**: Geld, das anstelle einer Flachsabgabe gezahlt wurde.

- **florin**: Gulden.

- **Frohn**: Frondienst.

- **Fruchten**: Getreide.

- **Gefelle**: Abgaben der Untertanen.

- **Haber**: Hafer.

- **Hammerrent**: Abgabe, die für die Eisenproduktion in Eichelhütte zu zahlen war.

- **Heller**: Entspricht in etwa dem Wert eines Pfennigs.

- **herrschafftliche Wirthschafft zu Kaÿl**: die gräfliche Eigenwirtschaft in Oberkail.

- **Intention**: Absicht.

- **Interesse**: Zins.

- **Jägerholtz**: Holz, das als Teil der Entlohnung an den Jäger abgegeben wurde.

- **Justitzverwalter**: Bezeichnung für einen Amtmann.

- **Keupperen**: wahrscheinlich eine Bezeichnung für Baumstümpfe.

- **Kirchen-Reparation**: Renovierungs- und Instandhaltungsarbeiten an einer Kirche.

- **Klaffter**: Holzmaß.

- **latus precedens**: lat. = die vorige Seite.

- **lb**: lat., Abkürzung für „libra" = Pfund.

- **Leÿen**: Schieferplatten.

- **Malder**: Malter = Hohlmaß.

- **Moselfahrten**: Fahrten zur Mosel zum Herantransport von Wein, die z.T. in Geld abgelöst waren.

- **Nota bene**: lat., steht für Bemerkung, Anmerkung.

- **Officianten**: Amtleute.

- **per**: lat. = zu, für.

- **pro Memoria**: lat., Text mit einer Stellungnahme.

- **Reichsthaler**: Wichtigste Währung im Alten Reich, der Wert variierte regional.

- **Rhenten**: Abgaben und Zahlungen der Grundholden bzw. Untertanen.

- **Rhentkorn / Zinßkorn / Pfachtkorn**: Abgaben an Korn, die von Schaft-, Zins- und Pachtgütern getätigt wurden.

- **Schatzung**: landesherrliche Steuer.

- **Schloß-Aisementen**: Schlossliegenschaften.

- **Schrimpf**: Abgang, Schwund.

- **Sester**: Hohlmaß.

- **Speltzenkorn**: Mischelfrucht.

- **Temporal-Pfacht**: zeitlich befristetes Pachtverhältnis.

- **termino Michaëlis**: am Datum des Michaelstags.

- **Wachtgeld**: Zahlungen der Untertanen für die Schlosswache.

- **Weinaccieß**: Abgabe auf Wein.

- **Windschlag**: Windfall, Bruchholz im Wald.

- **Zehnden**: Abgaben, die zum Unterhalt der Kirche verwendet wurden.

- **Zehnter pfenning**: Zahlung der Untertanen bei Holzverkäufen.

- **Zinßgelder**: Geldzahlungen von Zinshöfen.

Anmerkungen

1) Gregor BRAND, Augusta Reichsgräfin von Sternberg-Manderscheid. Letzte regierende Gräfin aus dem Haus Manderscheid, in: Eifelzeitung vom 17. Januar 2016; Heinrich NEU, Der letzte Graf von Sternberg-Manderscheid-Blankenheim, Sonderdruck, unpag.; Peter NEU, Die Grafen von Manderscheid – ein historischer Überblick, in: TORUNSKY, Vera, Die Manderscheider. Ausstellungskatalog, Köln 1990, S. 13 – 28, hier S. 27 – 28.

2) Zu den Besitzungen des Hauses Manderscheid innerhalb des Herzogtums Luxemburg gehörten neben der Herrschaft Oberkail auch die Herrschaften Bettingen und Kronenburg, die Hälfte der Herrschaft Neuerburg und die Grafschaft Manderscheid, vgl. dazu Wilhelm FABRICIUS, Erläuterungen zum geschichtlichen Atlas der Rheinprovinz. Einteilung und Entwicklung der Territorien von 1600 – 1794 (= Publikationen der Gesellschaft für rheinische Geschichtskunde, 12), Bonn 1898, S. 22 – 38, sowie die Karte bei Vera TORUNSKY (Red.), Die Manderscheider, S. 214. Die Huldigung des Jahres 1780 in der Herrschaft Oberkail ist überliefert in LVR, Verfilmung des Bestandes Sternberg-Manderscheid des Nationalarchivs Prag, Kiste 160, S. 61r – 65v.

3) NEU, Der letzte Graf, unpag. TORUNSKY, Manderscheider, S. 191. Siehe dazu auch Aleš CHALUPA, Die Familie der Grafen Sternberg-Manderscheid und ihr Archiv, in: TORUNSKY, Manderscheider, S. 83 – 87.

4) NEU, Der letzte Graf, unpag. CHALUPA, Familie, a.a.O., S. 83 – 87. Vgl. hierzu auch Willibrord WEINS, Die Grafschaft Manderscheid in der Eifel, Diss. Münster 1921, S. 41 – 43.

5) Zur Geschichte der Herrschaft Kail sei verwiesen auf Siegfried Anton GANSER, Oberkail und Manderscheid. Eine historische Monographie, Trier 1876, sowie auf die Kapitel der Oberkailer Ortschronik von Erich GERTEN / Jörg KREUTZ / Claus RECH, Oberkail. Geschichte eines Dorfes in der südlichen Eifel, Neuerburg 2001, S. 26 – 82.

6) GERTEN / KREUTZ / RECH, Oberkail, S. 78. Zur Anweisung der Gräfin siehe den Vermerk in der Kronenburger Ertragsaufstellung unter LVR, Verfilmung, a.a.O., S. 286r.

7) FABRICIUS, Erläuterungen, S. 24 und 42; eine genauere Beschreibung, basierend auf dem Denombrement von 1758, findet sich in GERTEN / KREUTZ / RECH, Oberkail, S. 46 – 47.

8) Vgl. oben die edierte „Evaluation deren Geldmünzen und Fruchtmaßen".

9) Die Schätzung basiert auf den Daten zu den Reinerträgen der Oberkailer Einwohner und der Gemeinde im sogenannten Maria-Theresia-Kataster von 1766 und der Nennung von Löhnen in Fuhrverträgen der damaligen Zeit. Die jährlichen reinen Einkünfte der besser bzw. gut situierten Bauern stammten nur zu einem Teil aus dem jeweiligen Grundbesitz. Mindestens genauso wichtig waren in Oberkail die Löhne, die die Bauern für nebengewerbliche Tätigkeiten erhielten, beispielsweise als Fuhrleute im Dienste des regionalen Eisengewerbes oder als Waldarbeiter. Bedeutsam war auch der Wert des persönlichen Anteils an den Einkünften der Gemeinde. Aufgrund alter Berechtigungen stellte sie ihren Mitgliedern kostenloses Bau- und Brennholz aus dem herrschaftlichen Wald zur Verfügung. Ebenso hatten die Gemeindemitglieder das Recht, bestimmte Weideflächen unentgeltlich zu nutzen.

10) Vgl. die obige Edition des „Status generalis".

11) Ausführliche Untersuchungen zur manderscheidischen Forstwirtschaft finden sich bei Werner SCHWIND, Der Eifelwald im Wandel der Jahrhunderte, ausgehend von Untersuchungen in der Vulkaneifel, Düren 1984, passim.

12) Aleš CHALUPA, Karl OTERMANN, Archiv der Grafen von Sternberg. Akten im Archiv des Nationalmuseums Prag, maschinenschriftlich, Euskirchen, Prag, ohne Jahresangabe, Einleitung.

13) DIES., a.a.O., Einleitung.

Nachweise

Quellen

Landschaftsverband Rheinland (LVR), Archivberatungs- und Fortbildungszentrum Brauweiler, Mikrofilm Nationalarchiv Prag, Bestand Sternberg-Manderscheid, Kiste 160.

- Status der Erträgnisse in der Herrschaft Kail

- Evaluation deren Geldsorten und Fruchtmaßen

- Status Generalis

Literatur

BRAND, Gregor, Augusta Reichsgräfin von Sternberg-Manderscheid. Letzte regierende Gräfin aus dem Haus Manderscheid, in: Eifelzeitung vom 17. Januar 2016.

CHALUPA, Aleš, OTERMANN, Karl, Archiv der Grafen von Sternberg. Akten im Archiv des Nationalmuseums Prag, maschinenschriftlich, Euskirchen, Prag, ohne Jahresangabe.

FABRICIUS, Wilhelm, Erläuterungen zum geschichtlichen Atlas der Rheinprovinz. Die Karte von 1789. Einteilung und Entwicklung der Territorien von 1600 – 1794 (= Publikationen der Gesellschaft für rheinische Geschichtskunde, 12), Bonn 1898, Nachdruck, Bonn 1965.

GANSER, Siegbert Anton, Manderscheid und Oberkail. Eine historische Monographie, Trier 1876.

GERTEN, Erich, KREUTZ, Jörg, RECH, Claus, Oberkail. Geschichte eines Dorfes in der südlichen Eifel, Neuerburg 2001.

HABERKERN, Eugen, WALLACH, Joseph Friedrich, Hilfswörterbuch für Historiker. Mittelalter und Neuzeit (= UTB, 119), 2 Bde., 7. Auflage, Tübingen 1987.

NEU, Heinrich, Der letzte Graf von Sternberg-Manderscheid-Blankenheim. Ein Lebensbild des Grafen Franz Joseph von Sternberg, Sonderdruck, unpag., ursprünglich erschienen in: Heimatkalender Schleiden 1958.

NEU, Peter, Geschichte und Struktur der Eifelterritorien des Hauses Manderscheid vornehmlich im 15. und 16. Jahrhundert (= Rheinisches Archiv. Veröffentlichungen des Instituts für geschichtliche Landeskunde der Rheinlande an der Universität Bonn, 80), Bonn 1972.

DERS., Die Grafen von Manderscheid – ein historischer Überblick, in: TORUNSKY, Vera, Die Manderscheider. a.a.O., S. 13 – 28.

SCHWIND, Werner, Der Eifelwald im Wandel der Jahrhunderte, ausgehend von Untersuchungen in der Vulkaneifel, Düren 1984.

TORUNSKY, Vera (Red.), Die Manderscheider. Eine Eifeler Adelsfamilie: Herrschaft, Wirtschaft, Kultur. Ausstellungskatalog, Köln 1990.

WEINS, Willibrord, Die Grafschaft Manderscheid in der Eifel, Diss. Münster 1921.

Abbildungen

Claus Rech:

- Titelfoto

- Tabellengestaltung nach dem Vorbild der historischen Quellen

Anhang

Die sternberg-manderscheidischen Ertragsaufstellungen von 1781 im Überblick

Quellenbezeichnung	Signatur in Kiste 160
Status der Erträgnisse der Herrschaft Bettingen	S. 301.
Status der Erträgnisse der Grafschaft Blankenheim	S. 307.
Status der Ausgaben für das Schloss Blankenheim	S. 297.
Status der Erträgnisse der Herrschaft Dollendorf	S. 305.
Status der Erträgnisse des Hofs Dusemond (Brauneberg)	S. 296.
Gutachten über den Weinbau in Dusemond (Brauneberg)	S. 294.
Status der Erträgnisse der Grafschaft Gerolstein	S. 303.
Status der Erträgnisse der Herrschaft Kronenburg	S. 296.
Status der Erträgnisse der Grafschaft Manderscheid	S. 290.
Status der Erträgnisse der Herrschaft Neuerburg	S. 299.
Status der Erträgnisse der Herrschaft Oberkail (Kayl)	S. 292.

Die Ertragsübersichten für Bettingen, Blankenheim, Dollendorf, Gerolstein, Kronenburg, Manderscheid, Neuerburg und Oberkail sind unter dem oben angegebenen Titel im Findbuch von Chalupa / Otermann verzeichnet. Die Aufstellung und das Gutachten zum Hof Dusemond / Brauneberg werden dort hingegen nicht genannt. Das Dusemonder Gutachten wird hier erwähnt, da es umfangreiche Erläuterungen zu den lokalen Ertragsverhältnissen enthält.

Herrn Georg Bechthold, Frau Elke Bock M. A. und Herrn Altbürgermeister Willi Fink in Bettingen gilt mein herzlicher Dank für zahlreiche Anregungen und die Durchsicht des Manuskriptes.